BEI GRIN MACHT SICH IHR WISSEN BEZAHLT

AF156965

- Wir veröffentlichen Ihre Hausarbeit,
  Bachelor- und Masterarbeit

- Ihr eigenes eBook und Buch -
  weltweit in allen wichtigen Shops

- Verdienen Sie an jedem Verkauf

Jetzt bei www.GRIN.com hochladen und kostenlos publizieren

Konstruktion eines Glücksfragebogens

Gloria Maria Seidel

Bibliografische Information der Deutschen Nationalbibliothek:

Die Deutsche Nationalbibliothek verzeichnet diese Publikation in der Deutschen Nationalbibliografie; detaillierte bibliografische Daten sind im Internet über http://dnb.d-nb.de abrufbar.

ISBN: 9783668999862
Dieses Buch ist auch als E-Book erhältlich.

© GRIN Publishing GmbH
Nymphenburger Straße 86
80636 München

Druck und Bindung: Books on Demand GmbH, Norderstedt Germany
Gedruckt auf säurefreiem Papier aus verantwortungsvollen Quellen

Das vorliegende Werk wurde sorgfältig erarbeitet. Dennoch übernehmen Autoren und Verlag für die Richtigkeit von Angaben, Hinweisen, Links und Ratschlägen sowie eventuelle Druckfehler keine Haftung.

Das Buch bei GRIN: https://www.grin.com/document/484969

Konstruktion eines Glücksfragebogens

Inhaltsverzeichnis

Zusammenfassung

Ziel dieser Arbeit ist die Konstruktion eines deutschsprachigen Fragebogens für Erwachsene, zur Erfassung des „Glücksfaktors". Um das Konstrukt möglichst global zu erfassen, wurden 26 Faktoren (siehe Einleitung), die Einfluss auf das Glücklich sein ausüben definiert und für jeden dieser Aspekte wurden passende Items formuliert. Der Selektion nach Itemschwierigkeit und Itemtrennschärfe sowie der Faktorenanalyse haben letztendlich 68 Items standgehalten, welche den TeilnehmerInnen, zum Zweck der Validierung, gemeinsam mit dem NEO-FFI, dem Test für Dankbarkeit (GQ-6), dem Test des nachhaltigen Glückniveaus (TNG) und der Satisfaction with life scale (SWLS) sowie einer kurzen Angabe zum momentanen Empfinden und demografischen Angaben vorgegeben wurden. Der konstruierte Glücksfragebogen ist in Papier & Bleistift-Version sowie als Online-Version verfügbar, wodurch es möglich war eine Stichprobe von 542 Personen zu befragen.

Das Ziel war es nicht, einen Fragebogen zu entwickeln der aufzeigt ob jemand glücklich ist oder nicht, sondern es galt, das Konzepts des Glücks zu definieren und die dazugehörigen Eigenschaften und Persönlichkeitsfaktoren zu extrahieren.

2 Einleitung

Die Frage nach der Definition von Glück beschäftigte bereits Philosophen in der Antike und bis heute wird versucht eine treffende Erklärung dafür zu finden.

Maurice Barrès (1862 - 1923), Schriftsteller, stellte fest, dass das Glück im Grunde nichts Anderes ist, als der mutige Wille zu leben, indem man die Bedingungen des Lebens annimmt. Also wurden, um das Konstrukt *happiness* möglichst ganzheitlich zu erfassen, Aspekte die mit dem „Glücksfaktor" im Zusammenhang stehen und welche durch die Glücksforschung und Fachliteratur mehrfach bestätigt wurden, ausgewählt und in die Konstruktion des Glücksfragebogens miteinbezogen. Diese einbezogenen Dimensionen umfassen Familie, Freundschaft, soziale Unterstützung, denn soziale Beziehungen sind ein wesentlicher Teil von happiness, dieser beinhaltet sowohl die Qualität der Beziehung innerhalb der Familie, aber auch Freunde, Ehe/Partnerschaft (Demir et al., 2011; Lewinsohn et al., 1991; Ryan et al., 2001). Es gilt die Hypothese: Je höher die Qualität der persönlichen Beziehungen umso glücklicher. Auch der Zusammenhang zwischen *happiness*, Religion und Glauben wurde in verschiedenen Studien untersucht (Stark & Maier, 2008; Barkan & Greenwood, 2003; Rowatt & Kirkpatrick, 2002). Dabei fand man heraus, dass eine Begründung für den positiven Zusammenhang zwischen den beiden Faktoren die soziale Unterstützung ist. Daher wurde auch dieser Aspekt miteinbezogen und erwartet, dass religiöse/spirituelle Personen glücklicher sind. Zufriedenheit mit der Freizeit (Nawijn, 2011; Argyle & Martin, 1991), Achtsamkeit (Drake et al., 2008; Hollis-Walker & Colosimo, 2011), finanzielle Sicherheit (Gardarsdottir et al., 2009), Empathiefähigkeit und Verträglichkeit (Mongrain et al., 2011), Essen-Trinken-Genussfähigkeit, sexuelle/körperliche Aktivität (Argyle & Martin, 1991), Arbeitszufriedenheit (Zelenski et al., 2008), Dankbarkeit und Selbstzufriedenheit/Selbstwert (Hills & Argyle, 2002; Aronson et al., 2004) sind weitere Punkte die eng mit *happiness* im Zusammenhang stehen und deren Einfluss von der aktuellen Glücksforschung bestätigt wurde. Es wird erwartet, dass eine höhere Ausprägung dieser Faktoren positiv mit *happiness* korreliert. Weiters zeigte sich in vielen Studien, dass Optimismus, also die positive Einstellung gegenüber der Zukunft, das Vertrauen in eigene Fähigkeiten und der Glaube daran, dass jedes Problem gelöst werden kann, ein wesentlicher Prädiktor für *happiness* ist. Immer wieder wird Optimismus mit Extraversion und Offenheit in Beziehung gesetzt (Augusto-Landa et al., 2011). Auch die Auswirkung von Selbstwirksamkeit, also das Wissen, auf eigene Fähigkeiten und Stärken vertrauen zu können (Ryan & Deci, 2001), der Umgang mit Stress (ebda.) sowie der Attribuierungsstil (Diener et al., 2005) unterschiedlicher positiver wie negativer Ereignisse wurden beachtet, denn es wurde herausgefunden, dass die Art wie mit Stress oder negativen Lebensereignissen umgegangen wird mitentscheidend für das Erleben von *happiness* ist (McCrae et al., 1986; Brebner, 2001; De Goede et al., 2012). Es wird vermutet, je höher die Selbstwirksamkeitserwartung, desto glücklicher sind Personen auch und je humorvoller der Umgang mit Stress ist umso glücklicher sind Personen. Um das Konzept zu vervollständigen wurden noch Autonomie (Howell et al., 2011), Kontrollwahrnehmung, prosoziales Verhalten (Ryan & Deci, 2011), Kompetenzwahrnehmung (Lewinsohn et al., 1991), der Umgang mit Stress und entsprechende Coping-Strategien (Ryan & Deci, 2001; Nevin et al., 2005; McCrae & Costa, 1986), Flow erleben (Collins et al., 2009), positive und negative Lebensereignisse (Headey & Wearing, 1989), sowie das Gelingen bzw. die Fähigkeit Glück zu finden und zu erleben (DeNeve et al., 1998; Hofer et al., 2008), erfasst. Es besteht die Vermutung, dass, je emotionsorientierter die Copingstrategien sind, umso weniger glücklich Personen sind.

Um festzustellen ob mit diesen Aspekten der „Glücksfaktor" wirklich erfasst werden kann, entstand der Bedarf einen Glücksfragebogen zu konstruieren und dies durch Validierung mit anderen, etablierten Fragebögen (siehe Methodenteil) zu überprüfen. Weiters besteht die Vermutung, die Stimmung in der man sich befindet, großen Einfluss auf das Erleben von Ereignissen und das Interpretieren von unterschiedlichen Situationen. Positive Stimmung hängt eng mit Erleben von *happiness* zusammen (Gamble, A., Gärling T., 2012), daher wurde auch dies mit erhoben.

3 Methode

3.1 Stichprobenbeschreibung

Es nahmen insgesamt 530 ProbandInnen an der Online – Version (erstellt mittels des Programms LimeSurvey) des Happiness – Fragebogens, sowie 12 Personen an der Paper & Pen-Version teil, zusammengenommen nahmen somit 542 Personen an der Testung teil. Nachdem zwei Personen unter 18 Jahren, sowie 28 Personen, die momentan Antidepressiva einnehmen und 72 die beim Item zur Messung der derzeitigen Stimmung einen Extremwert aufgewiesen hatten, ausgeschlossen wurden, umfasste der gesamte Stichprobenumfang der Untersuchung insgesamt 440 Personen.

Die Stichprobe wurde in drei Altersklassen geteilt. Die erste Gruppe waren die unter 30-Jährigen, die zweite Gruppe 31-60 Jährige, sowie eine Gruppe mit über 60 Jährigen. In der jüngsten Altersgruppe gab es mehr TeilnehmerInnen (~ 65 %), als in der mittleren (~ 28 %) und hohen (~ 7 %) Altersgruppe.

Die Geschlechterverteilung war in dieser Testung nicht ausgewogen, da mehr Frauen (N = 319) als Männer (N = 121) an der Untersuchung teilnahmen.

Der Großteil der ProbandInnen waren Personen mit abgeschlossener Matura (~ 54 %) oder abgeschlossener Universitätsausbildung (~ 18 %).

82 ProbandInnen gaben an, an einer chronischen Erkrankung zu leiden. Ungefähr 16 % gaben an, dass bei ihnen schon einmal eine Depression diagnostiziert wurde und etwa 5 % der TeilnehmerInnen nahm zum Zeitpunkt der Testung Antidepressiva ein.

3.2 Beschreibung der Testmaterialien

Die ProbandInnen wurden anhand eines Fragebogens getestet, der die Ausprägung der State-Eigenschaft *happiness* („Glück") erfassen sollte.

Der Fragebogen war in mehrere Abschnitte gegliedert. Der erste Teil bestand aus den Fragen, die wir im Rahmen der Lehrveranstaltung entwickelt hatten. Die weiteren Teile waren ausgewählte Validierungsfragebögen zur Lebenszufriedenheit (SWLS), Dankbarkeit (GQ_6), nachhaltiges Glück (TNG) sowie der NEO-FFI. Des Weiteren enthielt der Fragebogen Fragen zu dem Alter der UntersuchungsteilnehmerInnen, ihrem Familienstand, ihrer höchsten abgeschlossenen Ausbildung, dem derzeitigen Beruf und zur momentanen Stimmungslage, momentaner Einnahme von Antidepressiva, sowie ob sie schon einmal an einer Depression erkrankt waren oder ob sie derzeit an einer chronischen Krankheit leiden.

Der SWLS nach Ed Diener besteht aus 5 Fragen, die die globale Lebenszufriedenheit messen sollen. Er weist eine hohe interne Konsistenz und hohe zeitliche Stabilität auf.

Der GQ-6 von Michael E. McCullough, Robert A. Emmons, und Jo-Ann Tsang besteht aus 6 Items, die die Eigenschaft, Dankbarkeit empfinden zu können messen soll. Er weist eine hohe internale Reliabilität mit Alpha zwischen .82 - .87 auf und die Bearbeitung dauert normalerweise unter 5 Minuten.

Der TNG nach Martin Seligman besteht aus 4 Aussagen zur Selbstbeschreibung, die anhand einer 7-stufigen Skala bewertet werden sollen.

Der NEO – FFI, der von P. Costa und R. McCrae entwickelt wurde, ist ein Persönlichkeitstest, um die Ausprägung der fünf Persönlichkeitseigenschaften Neurotizismus, Extraversion, Offenheit für neue Erfahrungen, Verträglichkeit und Gewissenhaftigkeit zu messen. Das in ca. zehn Minuten zu bearbeitende Verfahren ist objektiv, reliabel und valide. Die internen Konsistenzen der fünf Skalen liegen zwischen $\alpha = .72$ und $\alpha = .87$.

Die Fragebögen konnten anhand eines individuellen Codes den einzelnen Versuchsleitern zugeordnet werden, erlaubten aber keine Rückschlüsse auf einzelne Personen.

3.3 Beschreibung des Untersuchungsablaufs

Die ProbandInnen wurden von den UntersuchungsleiterInnen ausgewählt und in unterschiedlichen Settings getestet.

Die Online-Version war mittels eines Links, den die VersuchsleiterInnen ihren ProbandInnen per E-Mail zukommen ließen, abrufbar.

Zu Beginn der Untersuchung erhielten die TeilnehmerInnen eine kurze Instruktion über den Ablauf und das Ziel der Untersuchung. Außerdem wurden die TeilnehmerInnen darum gebeten, die Fragen ehrlich zu beantworten, mit dem Hinweis, dass alle Daten vertraulich behandelt werden.

Die TeilnehmerInnen hatten für die Bearbeitung des Fragebogens unbegrenzt lange Zeit. Die ProbandInnen brauchten für die Bearbeitung des Fragebogens zwischen 10 bis maximal 40 Minuten. Anschließend hatten die ProbandInnen noch die Möglichkeit in der Online-Version Anmerkungen abzugeben, beziehungsweise während der Bearbeitung eventuell aufgetretene Fragen an den/die Versuchsleiter(in) zu stellen. Danach war die Untersuchung beendet.

4 Ergebnisse

4.1 Plausibilitätskontrolle

Zunächst wurde eine Plausibilitätsprüfung durchgeführt in dem für alle Variablen die Häufigkeiten berechnet wurden. Hier fiel zunächst auf, dass beim Item „Ich kann auch mit unerwarteten Ereignissen klar kommen" (GFB_51), bei einer Person die Zahl „5" statt den vorgegebenen Antwortkategorien (trifft nicht zu" bis „trifft zu") als Antwort in der dazugehörigen Häufigkeitstabelle ausgegeben wurde. Dies betraf die Daten einer Person die die Paper & Pen-Version ausgefüllt hatte, da die Antworten anschließend händisch in die Datenmaske übertragen wurden. Dieser Tippfehler wurde anschließend korrigiert um weiter mit den Berechnungen fortfahren zu können.

Des Weiteren fiel auf , dass die soziodemografischen Variablen Geschlecht, Bildung, Familienstand und Alter nicht normalverteilt waren, wobei beim Letzteren zwei Personen aufgrund des zu niedrigen Alters (< 18 Jahre; siehe Grafik) aus der Untersuchung ausgeschlossen wurden.

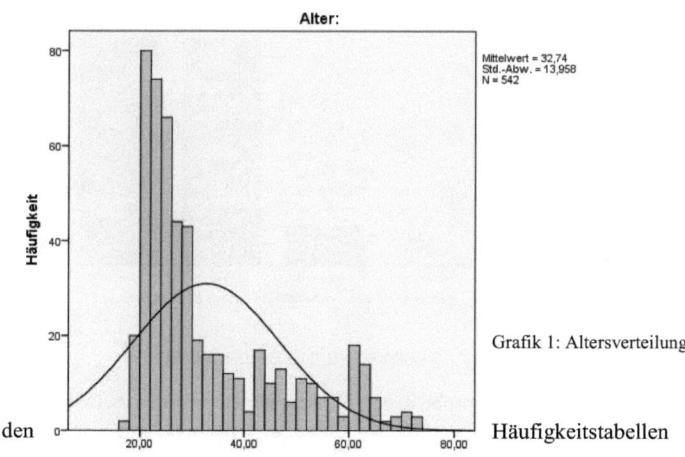

Grafik 1: Altersverteilung

In den Häufigkeitstabellen ist außerdem zu beobachten, dass es bei den beiden Items „Leiden Sie an einer chronischen Erkrankung?" und „Wurde bei Ihnen schon einmal eine Depression diagnostiziert?" fehlende Werte gibt, wobei jeweils 18 bzw. 33 Personen auf die jeweiligen Fragen nicht geantwortet haben.

Anschließend wurde der Glücksscore berechnet (Σ=113.411.00, Mittelwert=209.2454. min.=125, max.=263) um weitere Berechnungen durchführen zu können. Danach wurden solche Personen die zur Zeit Antidepressiva (N =28) nehmen und solche deren Stimmung zum Zeitpunkt der Testung einen Extremwert („sehr schlecht" oder „sehr gut"; N=72) aufwies, ausselektiert, da diese beiden Variablen einen eindeutigen negativen bzw. positiven Einfluss auf das Glücksempfinden zeigten.

Nach diesen Selektionen wurde die Plausibilität erneut überprüft, die nun eine endgültige Stichprobengröße von

N = 440 ergab. Hinterher wurden negativ gepolte Items umgepolt. Dieser Vorgang war zum einen beim NEO-FFI (27 von 60 Items) und zum anderen beim GQ_6 notwendig.

4.2 Itemschwierigkeit

Die Itemschwierigkeit stellt die 1. Selektion dar. Diese gibt an wie oft jedes einzelne Item des Fragebogens positiv beantwortet wurde. Da wir zwischen unterschiedlichen Probanden differenzieren wollen verwenden wir nur Items deren Schwierigkeit zwischen p=0.2 und p=0.8 (nach Lienert & Raatz, 1994) liegt, da diese weder zu leicht noch zu schwierig sind, d.h. würden alle Probanden ein Item positiv beantworten wäre es zu einfach. Das Item GFB_7 ist ein solches zu einfaches Item:

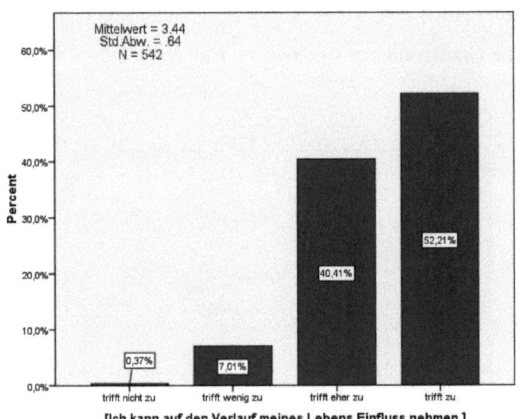

Grafik 2: GFB_7 (Selbstwirksamkeit)

In der vorliegenden Stichprobe liegen die Itemschwierigkeiten zwischen p=0.34 und p=0.91. Die acht Items, die als zu leicht gelten werden nicht in die weitere Berechnung miteinbezogen, diese Items sind:

1. Ich hatte schon viele positive Erlebnisse in meinem Leben (GFB_2).

2. Ich weiß, womit ich mir im Alltag eine Freude bereiten kann (GFB_3).

3. Ich kann auf den Verlauf meines Lebens Einfluss nehmen (GFB_7).

4. Ich bin mir darüber bewusst, dass ich viel Schönes erleben darf (GFB_24).

5. Ich tue anderen Menschen gerne einen Gefallen (GFB_32).

6. Es gibt Vieles in meinem Leben für das ich dankbar sein kann (GFB_47).

7. Ich weiß gutes Essen sehr zu schätzen (GFB_49).

8. Ich kann die Zeit mit meinen Freunden genießen (GFB_64).

9. Meine Freunde geben mir das Gefühl, respektiert zu werden (GFB_66).

4.3 Trennschärfe

Die Trennschärfenanalyse wird durchgeführt um zu überprüfen wie gut ein Item zu dem Gesamtfragebogen passt. Als „trennscharf" wird ein Item bezeichnet, welches gut zwischen Probanden mit hoher und niedriger Merkmalsausprägung unterscheidet, daher gilt ein Item, das mit einer Korrelation von r=0.40 mit dem Gesamtfragebogen zusammenhängt als trennscharf. Die Trennschärfe sollte jedoch nicht r=0.20 unterschreiten (nach Lienert & Raatz, 1994). In der vorliegenden Stichprobe liegen die Trennschärfekoeffizienten der Items zwischen r=0.184 und r=0.633. Die drei Items die nicht zwischen Personen mit niedriger und hoher Merkmalsausprägung unterscheiden sind:

1. Ich bin so oft mit einer Tätigkeit beschäftigt, dass ich die Zeit vergesse (GFB_12).

2. Ich glaube an eine höhere Macht (GFB_33).

3. Jedem widerfährt das, was ihm zusteht (GFB_55).

Auch diese Items sind bei weiteren Berechnungen nicht berücksichtigt worden.

4.4 Faktorenanalyse

Um einen neuen Fragebogen ökonomisch durchführbar zu machen versucht man die Anzahl der zu verwendenden Items so gering wie möglich zu halten, dazu dient die Faktorenanalyse. Weiters können über die Faktorenanalyse möglicherweise zusammenhängende Variablen zu Subskalen zusammengefasst werden und eventuelle Zusammenhänge zu latenten Variablen erkannt werden. Zuerst werden die Faktoren extrahiert, deren Eigenwert größer als 1 ist. Dies bedeutet, dass nur Faktoren verwendet werden, deren Summe der quadrierten Faktorladungen mehr Varianz aufklären als ein einzelnes Item.

Im Screeplot (Abbildung 1) kann nur der Abfall der Eigenwerte erkannt werden und danach die Anzahl der Faktoren herausgelesen werden.

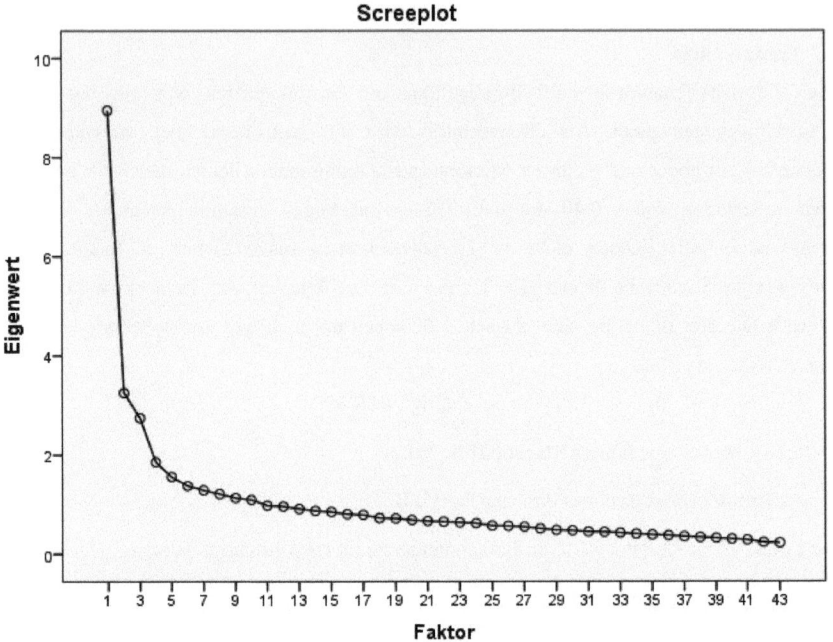

Abbildung 1: Screeplot

Wie in Abbildung 1 dargestellt unterscheiden sich die Eigenwerte der ersten drei Faktoren deutlicher voneinander als die der weiteren. Die folgenden Faktoren unterscheiden sich in ihrem Eigenwert kaum voneinander, weswegen zur weiteren Berechnung die Items des Glücksfragebogens zu den drei folgenden Faktoren zusammengefasst wurden:

1. Selbstkonzept (Eigenwert: 8.948)

2. Beziehungen (Eigenwert: 3.254)

3. Sozialverhalten (Eigenwert: 2.744).

Da am meisten Varianz von dem ersten Faktor „Selbstkonzept" erklärt wird, könnte man nun diesen Faktor als Hauptfaktor bezeichnen, bzw. alleine zur Bestimmung des Glücksscores heranziehen. Da Items die auf diesen Faktor laden jedoch lediglich eine Abbildung des Selbstkonzeptes einer Person darstellen, und dies nur ein Teil des Traits „Glück" darstellt wurden im vorliegenden Fragebogen alle drei Faktoren als bedeutsam erachtet. Weiters erscheint die inhaltliche Interpretation der Ergebnisse als bedeutsam, wenn ein Gesamtscore aufscheint, da bei dem vorliegenden Fragebogen dann in den

11

einzelnen Subskalen (Selbstkonzept, Beziehungen und Sozialverhalten) unterschieden werden kann, und mögliche Extremwerte in einem dieser Bereiche nur durch diese Unterscheidung aufgedeckt werden können. Es wird dadurch nicht nur in „glückliche" und „unglückliche" Personen unterschieden, also zwischen denen differenziert, die in unserem Fragebogen einen hohen oder niedrigen Glücksscore haben. Für weiterführende Interventionsmaßnahmen, insbesondere derer, die laut dem Fragebogen als „unglücklich" erscheinen ist eine genauere Analyse des Testscores in den jeweiligen Subskalenwerten unablässig.

Schließlich war es nicht nur das Ziel einen Fragebogen zu entwickeln der aufzeigt ob jemand glücklich ist oder nicht, sondern auch das Konzept des Glücks zu definieren und die dazugehörigen Eigenschaften und Persönlichkeitsdispositionen zu extrahieren.

4.5 Validierung

Als nächstes wurde überprüft ob der Glücksscore mit den verwendeten Validierungsfragebögen wie erwartet korreliert, wobei hier jeweils eine positive Korrelation erwartet wurde. Die Person-Korrelationen bestätigten die Annahmen, wobei der Fragebogen zur Messung des nachhaltigen Glücks (r_{TNG} = 0.682, p<.01) am höchsten mit dem Glücksfragebogen korreliert, da beide Fragebögen die Eigenschaft Glück messen. Der Fragebogen zur Messung der Lebenszufriedenheit korreliert mit r_{SWLS}=0.649 (p<.01) und der Fragebogen zur Messung der Dankbarketi mit r_{GQ_6}=0.511 (p<.01) mit dem Glücksfragebogen.

Ich habe außerdem die Hypothese aufgestellt, dass Extraversion positiv und Neurotizismus negativ mit Glück korrelieren sollten. Um diese Hypothese überprüfen zu können mussten für die einzelnen Faktoren (Extraversion, Neurotizismus, Offenheit, Soziale Verträglichkeit und Gewissenhaftigkeit) des NEO-FFI Summenscores gebildet werden. Die statistische Auswertung ergab hier, wie angenommen, einen positiven Zusammenhang zwischen Extraversion und Glücksscore (r=0.610; p< .05), während Neurotizismus mit r= -0.719 (p< .05) mit dem GFB korreliert. Dies entspricht genau der Hypothese, nämlich, dass extrovertierte Personen glücklicher sind und neurotischere Personen weniger glücklich sind. Außerdem konnte man eine positive Korrelation zwischen den übrigen 3 Faktoren ($r_{Gewissenhaftigkeit}$= 0.464, p<.01; $r_{SozialeVerträglichkeit}$= 0.412, p<.01; $r_{Offenheit}$= 0.136, p<.01;) des NEO-FFI und dem Glücksscore beobachten.

Außerdem wurde erwartet, dass Personen, die in einer Partnerschaft leben (unabhängig, ob verheiratet oder nicht) glücklicher sind als Ledige. Die Auswertung ergab, dass in einer Partnerschaft lebende Personen glücklicher sind (p< .05) als Ledige und bestätigen somit die Hypothese (Partnerschaft: □ = 131.67, σ=13.37; verheiratet: □ 135.02, σ=12.18; ledig: □ 127.11, σ=15.66).

Ich hatte außerdem erwartet, dass das Ausmaß an Bildung einen positiven Einfluss auf das Glücksempfinden hat, wobei ich aber keinen Zusammenhang nachweisen konnte (F=.420, p= n.s.).

Die Ergebnisse zeigen, dass Männer ($\square$=132.53, σ=14.89) glücklicher (p< .05) sind als Frauen ($\square$=129.22, σ=14.34), wobei weit mehr Frauen (N=319 von 440) an der Untersuchung teilgenommen haben als Frauen.

Es hat sich außerdem gezeigt, dass mögliche chronische Erkrankung (r= .013, p= n.s.) keinen Einfluss auf das Glücksempfinden haben. Im Gegensatz dazu kam ein positiver Zusammenhang zwischen Alter (r= .131, p< .01) und dem Glücksscore raus. Wobei hier zu erwähnen ist, dass die Korrelation zum einen gering ausfiel und zum anderen die Altersverteilung unausgeglichen war.

5 Diskussion

Ziel dieser Untersuchung war es zunächst einen Frageoben, der das Maß „Glück" misst, zu konstruieren. Zu diesem Zwecke wurden insgesamt 68 Items formuliert. Bei der statistischen Auswertung mit *SPSS 20* wurden schließlich solche Items, die zu schwer ($p<$ .20) und solche die zu leicht ($p>$ .80) waren, ausselektiert, da diese keine Personenunterschiede sichtbar machen. Anschließend wurden Items mit einer niedrigen Trennschärfe ($p<$ .20) ebenfalls herausgenommen, da diese nicht zwischen den TeilnehmerInnen unterschiedlicher Ausprägungsgrade des jeweiligen Merkmals trennen.

Zu erwähnen ist außerdem, dass 2 TeilnehmerInnen sofort aus der statistischen Auswertung ausgeschlossen wurden, da diese nicht das Mindestalter von 18 Jahren hatten. Weiters wurden solche Personen nicht in die Auswertung einbezogen, die die Frage nach der aktuellen Stimmung („Wie fühlen Sie sich jetzt") mit „sehr schlecht" bzw. „sehr gut" beantwortet haben, da sich gezeigt hat, dass diese Extreme einen starken Einfluss auf den Glücksscore haben. Des weiteren wurden Personen, die angegeben hatten, dass sie zur Zeit Antidepressiva nehmen, aus der statistischen Auswertung ausgeschlossen, weil Medikamente die Stimmungslage und objektive Einschätzungen stark beeinflussen können und die Stichprobe sich aus gesunden Personen zusammensetzen sollte.

Anschließend wurde eine Faktorenanalyse durchgeführt, bei der 3 Faktoren (Selbstkonzept, Beziehungen, Sozialverhalten) extrahiert wurden, wobei als Hauptfaktor das Selbstkonzept gilt. Danach wurde überprüft inwieweit die Ergebnisse mit den zuvor aufgestellten Hypothesen übereinstimmen. Eine unserer ersten Hypothesen war die Annahme, dass Extraversion und Neurotizismus positiv bzw. negativ mit dem Glücksscore korrelieren sollten, was die Ergebnisse ebenfalls belegen konnten.

Ich konnte außerdem die Hypothese bekräftigen, dass Personen, die in einer Partnerschaft leben, unabhängig davon, ob sie verheiratet sind oder nicht, glücklicher sind, als Ledige. Es hat sich weiters herausgestellt, dass die Bildung keinen Einfluss auf das Glücksempfinden hat. Dies widerspricht der aufgestellten Hypothese, was unter Umständen dadurch erklärt werden kann, dass bei dieser Untersuchung eine relativ einheitliche Verteilung des Bildungsniveaus zu beobachten war, bei der die größte Gruppe Personen mit einer abgeschlossenen Matura waren, gefolgt von Personen mit einem Universitätsabschluss. Die kleinste Gruppe stellten Personen mit einem Pflichtschulabschluss dar. Hier wären, zur besseren Vergleichbarkeit, demnach weitere Untersuchungen, mit einer ähnlicheren Verteilung bezüglich des Bildungsniveaus notwendig. Außerdem zeigte sich kein negativer Effekt einer chronischen Erkrankung auf den Glücksscore. Ein möglicher Grund hierfür könnte die durch die Krankheit verstärkt lebensbejahende Einstellung sein. Durch die Krankheit bedingt, beschäftigt man sich eventuell intensiver mit dem Leben und der Frage nach dem Sinn. Weiters ist zu erwähnen, dass in dieser Untersuchung das Alter einen positiven Einfluss auf das Glücksempfinden hat, wobei demnach ältere Personen glücklicher wären als jüngere. Hier ist allerdings auch auffällig, dass weit über die Hälfte der Personen jünger als 30 Jahre waren und die höchste Altersgruppe bei weitem den geringsten Anteil der Stichprobe ausmachte. Deshalb wäre es sinnvoll, in einer weiteren Untersuchung, bei annähernd gleichverteilten Alterskategorien, diesen Effekt nochmal zu überprüfen.

Bei dieser Untersuchung hat sich außerdem gezeigt, dass Männer einen signifikant, wenn auch lediglich am 5%-Niveau, höheren Glücksscore aufweisen. Wobei bei genauer Betrachtung der beiden Mittelwerte des Glücksscores für Männer und Frauen auffällt, dass die Differenz sehr gering ist und somit nicht wirklich aussagekräftig ist. Eine weitere Erwartung war, die positive Korrelation unseres Glücksfragebogens mit den verwendeten Validierungsfragebögen (SWLS, GQ_6, TNG). Hier konnte tatsächlich eine positive Korrelation mit den drei Validierungsfragebögen beobachtet werden, wobei die höchste Korrelation zwischen dem Glücksfragebogen und dem Fragebogen zur Messung des Nachhaltigen Glücks (TNG) zu beobachten war, gefolgt vom Fragebogen zur Messung der Lebenszufriedenheit (SWLS) und schließlich dem Fragebogen zur Messung der Dankbarketi (GQ_6).

Abschließend kann man sagen, dass die Online-Version des GFB eindeutig von den TeilnehmerInnen bevorzugt wurde. Die ungleiche Verteilung bezüglich, Alter, Geschlecht und Bildung ist wohl auf diese Tatsache zurückzuführen. Da es, neben den kontrolliert verschickten Fragebögen (an Freunde, Verwandte) per E-Mail, auch die Möglichkeit gibt, diese in verschiedene Foren bzw. Netzwerkseiten (z.B. Facebook) online zu stellen und man hier als VersuchsleiterIn keinen Einfluss auf die Stichprobe hat im Sinne von die Anzahl an Männern und Frauen oder Personen aus bestimmten Alters-Kategorien einzugrenzen. Die Online-Version des GFBs ist gegenüber der Paper & Pen-Version klar im Vorteil bezüglich Ökonomie und Zeitersparnis. Wenn man sich überlegt, dass insgesamt 542 Personen getestet wurden und der GFB zusammen mit den Validierungsfragebögen gedruckte 22 Seiten ergibt, dann können da recht hohe Druck- und Papierkosten entstehen.

Ein weiterer Vorteil der Online-Version ist auch, dass die TeilnehmerInnen den Fragebogen zu einem beliebigen, frei wählbaren Zeitpunkt bearbeiten können, wobei deshalb insbesondere darauf zu achten ist, dass die Instruktionen zu den einzelnen Fragebögen verständlich und eindeutig formuliert werden, da im Gegensatz zur Paper & Pen-Version keine Rückfragen an den/die VersuchsleiterIn möglich sind.

Ein Nachteil eines Online-Fragebogens ist allerdings, wie bereits erwähnt, dass man als VersuchsleiterIn relativ wenig Einfluss auf die erhobene Stichprobe hat. Hier muss man wohl als VersuchsleiterIn selbst bestimmen wo die Prioritäten (Stichprobenumfang vs. Homogenität der Stichprobe) für die Untersuchung liegen. Weiters könnte es auch sein, dass auch Personen den Fragebogen ausfüllen, die man eigentlich nicht in die Untersuchung einbeziehen möchte (z.B. keine Personen unter 18 Jahren), aber diese falsche Angaben machen und somit die Untersuchung dadurch

„verzerrt" werden kann. Außerdem gibt es im Lime Survey die Möglichkeit, die Ergebnisse im Word, Excel, PDF oder eben im SPSS exportieren zu lassen. Dies stellt eine enorme Zeitersparnis dar, da man die Daten in den gewählten Programmen sofort weiterverarbeiten kann ohne händisch alles eingeben zu müssen.

Für die Paper & Pen-Version sprich im Gegensatz dazu, dass die Untersuchungsbedingungen vom/von der UntersuchungsleiterIn kontrolliert werden könne und dieser/diese den ProbandInnen bei möglichen Unklarheiten zur Verfügung steht. Natürlich gibt es auch für Online-Fragebögen Grenzen, denn diese eignen sich für Persönlichkeitstests, aber eher nicht für Leistungstests und Experimente. Hier wäre eine Kombination möglich: Erfassung von soziodemographischen Daten und Persönlichkeitstests in Form von Online-Testungen und anschließend der experimentelle Teil der Untersuchung. Diese Vorgehensweise würde sich insbesondere dann gut eignen, wenn man nur bestimmte Personen in die anschließende Untersuchung einbeziehen möchte (z.B. nur RaucherInnen/Nicht-RaucherInnen).

Durch die große Stichprobe war es möglich die Kriterien sehr streng zu setzten und dadurch einen sehr guten Fragebogen zur Erfassung von *happiness* zu erstellen. Die einbezogenen Items sind sehr aussagekräftigt und die Korrelationen mit den Validierungsfragebögen sind zufriedenstellend, wodurch man im Allgemeinen von einem gelungenen Fragebogen sprechen kann.

6 Literatur

Argyle, M., Furnham, A. (1983). Sources of Satisfaction and Conflict in Long-Term Relationships. In: Journal of Marriage and Family. Vol. 45, Nr. 3, 481-493.

Aronson, E., Wilson, D. T., Akert, M. R. (2004). Sozialpsychologie (4., aktualisierte Auflage). München: Pearson Studium.

Augusto-Landa, J.M., Pulido-Martos, M., Lopez-Zafra, E. (2011). Does Perceived Emotional Intelligence and Optimism/pessimism Predict Psychological Well-being? In: Journal of Happiness Studies, Vol. 12, Nr. 3., 463-474.

Barkan, S. E., Greenwood, S.F. (2003). Religious Attendance and Subjective Well-Being among Older Americans: Evidence from the General Social Survey. In: Review of Religious Research, Vol. 45, Nr. 2, 116-129.

Brebner, J. (2001). Personality and stress coping. In: Personality and Individual Differences, Vol. 31, Nr. 3, 317-327.

Collins, A. L., Sarkisian, N., Winner, E. (2009). Flow and Happiness in Later Life: An Investigation into the Role of Daily and Weekly Flow Experiences. In: Journal of Happiness Studies, Vol. 10, Nr. 6, 703-719.

Costa, P.T., McCrae, R. (1980). Influence of extraversion and neuroticism on subjective well-being: Happy and unhappy people. In: Journal of Personality and Social Psychology, Vol. 38, Nr. 4, 668-678.

De Goede, P. M., Doosje, S., Landsheer, J. A., Van Doornen, L. (2012). Humorous coping scales and their fit to a stress and coping framework. In: Quality and Quantity, Vol. 46, Nr. 1,

Demir, M., Özen, A., Dogan, A., Bilyk, N. A., Tyrell, F. A. (2011). I Matter to My Friend, Therefore I am Happy: Friendship, Mattering, and Happiness. In: Journal of Happiness Studies, Vol. 12, Nr. 6, 983-1005.

DeNeve, K. M., Cooper, H. (1998). The happy personality: A meta-analysis of 137 personality traits and subjective well-being. In: Psychological Bulletin, Vol. 124, Nr. 2, 197-229.

Diener, E., Lyubomirsky, S., King, L. (2005). The Benefits of Frequent Positive Affect: Does Happiness Lead to Success? In: Psychological Bulletin, Vol. 131, Nr. 6, 803– 855.

Drake, L., Duncan, E., Sutherland, F., Abernethy, C., Henry, C. (2008). Time perspective and correlates of wellbeing. In: Time & Society, Vol.17, Nr. 1, 47-61.

Gardarsdottir, R. B., Dittmar, H., Aspinall, C. (2009). It's not the money, it's the quest for a happier self: The role of happiness and success motives in the link between financial goals and subjective well-being. In: Journal of Social and Clinical Psychology, Vol.28, Nr. 9, 1100-1127.

Headey, B., Wearing, A.(1989). Personality, life events, and subjective wellbeing: Toward a dynamic equilibrium model. In: Journal of Personality and Social Psychology, Vol. 57, Nr. 4, 731-739.

Hills, P., Argyle, M. (2002). The oxford happiness questionnaire: A compact scale for the measurement of psychological well-being. In: Personality and Individual Differences, Vol. 33, Nr. 7, 1073-1082.

Hofer, J., Busch, H., Kiessling, F. (2008). Individual Pathways to Life Satisfaction: The Significance of Traits and Motives. In: Journal of Happiness Studies, Vol. 9, Nr. 4, 503-520.

Hollis-Walker, L., Colosimo, K. (2011). Mindfulness, self-compassion, and happiness in non-meditators: A theoretical and empirical examination. In: Personality and Individual Differences. Vol. 50, Nr. 2, 222-227.

Howell, R.T., Chenot, D., Hill, G., Howell, C.J. (2011). Momentary Happiness: The Role of Psychological Need Satisfaction. In: Journal of Happiness Studies, Vol. 12, Nr. 1, 1-15.

Lewinsohn, P. M., Redner, J.E., Seeley, J.R. (1991). The relationship between life satisfaction and psychosocial variables: New perspectives. 77-118. In: Strack, F., Argyle, M., Schwarz, N. (Hrsg.). Subjective well-being. An interdisciplinary perspective, Oxford: Pergamon.

Liener, G. A. & Raatz, U.(1994).*Testaufbau und Testananlyse*. Weinheim: Beltz.

McCrae, R. R, Costa, P. T. (1986). Personality, coping and coping effectiveness in an adult sample. In: Journal of Personality, Vol. 54, Nr. 2, 385-05.

Mongrain, M., Chin, J.M., Shapria, B. (2011): Practicing Compassion Increases Happiness and Self-Esteem. In: Journal of Happiness Studies, Vol. 12, Nr. 6, 963-981.

Nawijn, J. (2011). Happiness Through Vacationing: Just a temporary Boost or Long-Term Benefits? In: Journal of Happiness Studies. Vol. 12, Nr. 4, 651-665.

Nevin, S., Carr, A., Shevlin, M., Dooley, B., Breaden, C. (2005). Factors related to well-being in Irish adolescents. In: Irish Journal of Psychology. Vol. 26, Nr. 3-4, 123-136.
Ryan, R. M., Deci, E.L. (2001). On happiness and human potentials: A review of research on hedonic and eudaimonic well-being. In: Annual Review of Psychology, Vol. 52, 141-166.

Rowatt, W. C., Kirkpatrick, L. A. (2002). Two dimensions of attachment to God and their relation to affect, religiosity, and personality constructs. In: Journal for the Scientific Study of Religion, Vol. 41, Nr. 4, 637-651.

Stark, R., Maier, J. (2008). Happiness and Faith. In: Review of Religious Research, Vol. 50, Nr. 1, 120-125.

Zelenski, J. M., Murphy, S. A., Jenkins, D. A. (2008). The happy-productive worker thesis revisited. In: Journal of Happiness Studies, Vol. 9, Nr. 4, 521-537.